# Waffen-Arsenal

Sonderband 65

Waffen und Fahrzeuge der Heere und Luftstreitkräfte

WAFFEN-
ARSENAL

*Durch die Vergrößerung der Ladeluken konnte die Ju 52/3m selbst sperrige Lasten transportieren. Die Aufnahme entstand während der Abnahme der Maschine beim Hersteller.*

# JU 52

## AN ALLEN FRONTEN IM EINSATZ

**Manfred Griehl**

**PODZUN-PALLAS-VERLAG • 61 200 Wölfersheim-Berstadt**

*Trotz der beklemmenden Lage bei der Kesselversorgung fanden diese Warte noch Zeit für ein Foto. Die festen Abdeckplanen gehörten zur ständigen Ausstattung aller im Osten eingesetzten Maschinen.*

**Bildnachweis: Alle Fotos Archiv des Verfassers.**


Kohlhäuserstr. 8
61200 WÖLFERSHEIM-BERSTADT
Tel. 0 60 36 / 94 36 - Fax 0 60 36 / 62 70

Verantwortlich für den Inhalt ist der Autor.

Das WAFFEN-ARSENAL
Gesamtredaktion: Horst Scheibert

Technische Herstellung:
VDM Heinz Nickel, 66482 Zweibrücken

ISBN: 3 - 79 09 -07 61 - 8

Vertrieb:
PODZUN-PALLAS-VERLAG GmbH
Kohlhäuserstr. 8
61200 Wölfersheim-Berstadt
Telefon: 0 60 36 / 94 36
Telefax: 0 60 36 / 62 70
http://www.podzun-pallas.de

Euro 10,10

Alleinvertrieb
für Österreich:
Pressegroßvertrieb Salzburg
5081 Salzburg-Anif
St-Leonharder Str. 101

Für den österreichischen Buchhandel:
Buchhandlung Stöhr GmbH, Lerchenfelder Straße 78-80, A-1080 Wien

*Von der einmotorigen Ausführung der Ju 52 wurden nur Einzelstücke von der Luftwaffe übernommen. Bei der hier abgebildeten Maschine handelte es sich um eine frühere, vermutlich in Norwegen erbeutete Verkehrsmaschine.*

# JU 52
## IM EINSATZ ÜBER EUROPA UND AFRIKA

**Die dreimotorige Ju 52/3m ist mit Recht aus der Luftfahrgeschichte nicht wegzudenken. Nicht nur als Verkehrsflugzeug, sondern auch zu den vielfältigsten militärischen Verwendungszwecken wurden diese Maschinen in großer Stückzahl geflogen.**

### SPANISCHER BÜRGERKRIEG

**Bereits während des Spanischen Bürgerkriegs wurde die Ju 52/3m im Rahmen der Legion Condor eingesetzt. Für den Lufttransport der in Marokko stehenden Truppen, die sich dem Caudillo Francisco Franco angeschlossen hatten, erwiesen sich die dreimotorigen, äußerst robusten Transportmaschinen als unverzichtbar.**
**Zwischen Anfang August und Mitte Oktober 1936 transportierte man mit der Ju 52/3m insgesamt 13.000 Soldaten von Tetuan nach Andalusien.**
**Auch beim späteren, offensiven Einsatz bei der Legion Condor bewährte sich die Ju 52/3m als Behelfskampfflugzeug bei der 1. Staffel der K/88. Außer jeweils**

*Die Ju 52 be (WerkNr. 4001, D-1974) wurde von einem BMW VIIau-Reihenmotor angetrieben und flog erstmals im Sommer 1931.*

*Die Ju 52/3m (WerkNr. 4031, D-2759) war ab Dezember 1933 bei der DVS GmbH eingesetzt.*

*Zahlreiche Ju 52/3m wurden bei zivilen und militärischen Forschungseinrichtungen verwandt. Bei dieser Maschine handelte es sich um eine Erprobungsmaschine, die für Tests mit neuen Funkgeräten mit zusätzlichen Antennen ausgerüstet war.*

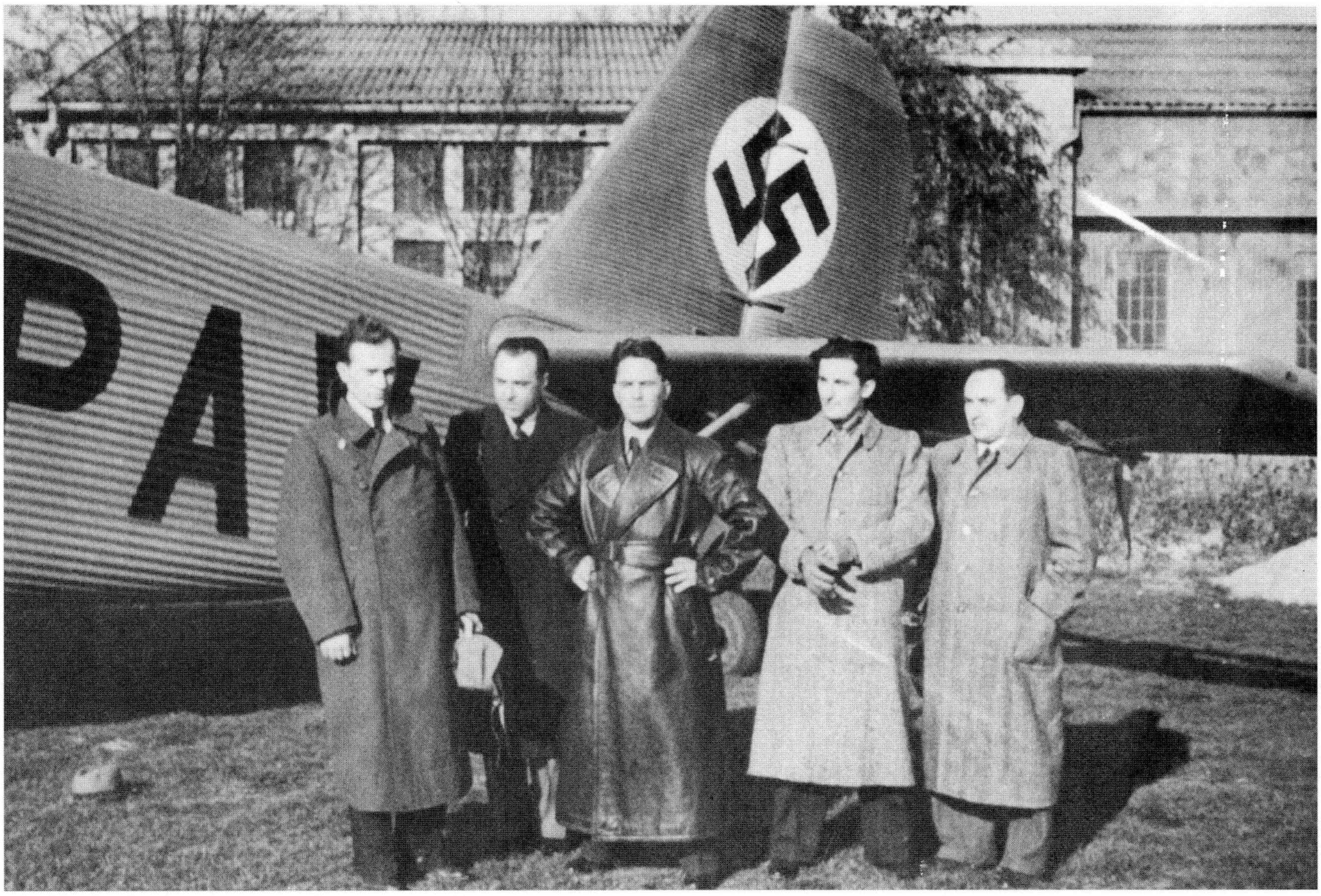

*Als Werksflugzeug war diese Ju 52/3m mit der Zulassung D-APAY vor dem Krieg eingesetzt. Die Lufthansa sowie die meisten zivilen Halter mußten ihre Verbindungsflugzeuge bei Kriegsbeginn abgeben.*

*Der Musikzug sowie die Ehrenformation des SS „Totenkopf"-Verbands anläßlich eines Führerbesuchs in München. Im Hintergrund ist die bekannte Reisemaschine Adolf Hitlers mit der Zulassung D-2600 zu sehen.*

*In Wien-Aspern landete im Frühjahr 1939 diese Ju 52/3m. Die beiden gelben Rumpfbänder weisen die Maschine als eine Blindflug-Übungsmaschine aus.*

*Reger Betrieb auf dem verschneiten Vorfeld des gut ausgebauten Flugplatzes von München-Riem. Außer der D-AHMS sind noch acht weitere Ju 52/3m sowie eine He 111 zu erkennen.*

*Als Behelfskampfflugzeug (Dienstnummer 36, WerkNr. 5807) trug die Maschine den Vorkriegsanstrich der österreichischen Luftstreitkräfte. Später wurde die Maschine in den Bestand der Luftwaffe eingereiht.*

*Während einer Verlegungsübung entstand diese Aufnahme einer Staffel von Behelfskampfflugzeugen der Luftwaffe im Sommer 1937. Die erste Maschine trug die Kennung 27+B23.*

vier Do 17 und He 111 sowie drei Ju 86, befanden sich am 17.03.1937 insgesamt 57 Ju 52/3m bei der Kampfgruppe in Spanien. Auch an dem Angriff auf Guernica im Baskenland waren Ju 52/3m zusammen mit einzelnen He 111 beteiligt.

## POLENFELDZUG

Am Polenfeldzug nahmen die dreimotorigen Maschinen fast ausschließlich als Transportflugzeuge teil. Lediglich zu Beginn wurden einige der Maschinen von der Luftwaffe als Behelfsbomber über Warschau eingesetzt.
Am 25.09.1939 erschienen über dem eingekesselten Warschau 30 in Formation fliegende Ju 52. Die Besatzungen schaufelten kleine Stabbrandbomben durch die Ladeluken auf das unter ihnen liegende Häusermeer. Der polnischen Flak gelang es, zwei der Behelfsbomber abzuschießen.
Daneben wurde die Ju 52/3m vereinzelt auch für den Rücktransport von Schwerstverwundeten in heimische Lazarette herangezogen.

## DER FELDZUG IN DÄNEMARK UND NORWEGEN

Die erste wirkliche Bewährungsprobe für die Ju 52-Besatzungen erfolgte während der Besetzung von Dänemark und Norwegen durch die deutsche Wehrmacht, dem Unternehmen „Weserübung".
Nach dem Einsatz von Fallschirmtruppen konnten mehrere Wellen von Ju 52/3m landen, um weitere Truppen und dringend benötigten Nachschub vor Ort zu bringen. Zudem wurden von den Transportverbänden Treibstoff, Bodenpersonal und Flughafengerät für die im Norden eingesetzten Jagdmaschinen eingeflogen. Zahlreiche der Ju 52-Besatzungen bestanden aus Lehrpersonal der verschiedenen Fliegerschulen sowie aus Personal der Deutschen Lufthansa.
Am 6. April 1940 trafen die Ju 52 auf den Flugplätzen in Schleswig-Holstein, Oldenburg, Bremen und Hamburg ein, um dort die Fallschirm- und Luftlandetruppen an Bord zu nehmen. In der frühen Morgendämmerung starteten die ersten Transportgruppen zum Einsatz. Kurz nach 7 Uhr waren zwölf Ju 52/3m über dem dänischen Flugplatz Aalborg. Die völlig überraschten dänischen Soldaten leisten keinen Widerstand. Der erste Fallschirmeinsatz der Kriegsgeschichte glückte.
Wenig später kreisten die Ju 52/3m über dem norwegischen Flugplatz Stavanger. Drahthindernisse versperrten den Platz, es kam zum Kampf mit den Verteidigern, wobei die deutschen Fallschirmjäger erste Verluste erlitten.
Am 14. April 1940 starten fünfzehn Ju 52/3m mit einer verstärkten Kompanie Fallschirmjägern zu einem Sonderunternehmen auf den wichtigen Eisenbahnknotenpunkt im norwegischen Dombas. Über dem Ziel ging eine der Maschinen verloren, vier andere Ju 52 mußten auf den Heimflügen mit schweren Brüchen notlanden. Nur sieben Ju 52/3m glückte es unter schlechtesten Wetterbedingungen nach Oslo zurückzukehren, wobei es ebenfalls zu mehreren Brüchen kam.
In der im äußersten Norden Norwegens gelegenen Stadt

*Bei einer Verbandsflugübung über Mecklenburg steuern diese Ju 52/3m-Transporter ihrem Ziel in Tutow an.*

*Zum Bestand des Kommandos der Erprobungsstellen gehörte diese Ju 52/3m (O1+16), in deren Kabine ein bewegliches MG 15 für den Beobachter eingebaut war. Der Rumpfstand war ebenfalls mit einem MG 15 bestückt.*

**Narvik war die Lage der deutschen Kräfte durch den Ausfall der dort eingesetzten Zerstörer der Kriegsmarine nach kurzer Zeit kritisch geworden. Acht Ju 52/3m, die ohne Zusatztanks flogen, trugen zerlegte Geschütze, ausgebildete Artilleristen und eine große Menge Munition heran. Durch die auf dem Luftweg herangeschafften Reserven sowie zusätzlichen Nachschub konnte die Lage schließlich stabilisiert werden.**

## BELGIEN, NIEDERLANDE UND FRANKREICH

**Das nächste Unternehmen richtete sich gegen die „Festung Holland". Der 7. Fliegerdivision unter dem Kommando von Generalleutnant Student unterstanden alle Fallschirmtruppen und Lufttransportverbände. Insgesamt wurden damals 212 Ju 52/3m, die am 8.05.1940 im Raum Dortmund, Lippstadt, Münster und Osnabrück in Breitschaft lagen, aufgeboten.**

**Für den äußerst gewagten Handstreich auf das Fort Eben Emael sowie die kriegswichtigen Brücken bei Kanne, Vroenhoven und Veldwezelt plante das Oberkommando Luftwaffe, Luftlandetruppen in von der Ju 52/3m geschleppten DFS 230-Lastenseglern einzusetzen.**

**Als der deutsche Angriff am 10.05.1940 losbrach, scheiterten die Angriffe auf Maastricht und an anderen Orten. Die Transportmaschinen mit den Verbänden der 22. Division erlitten bei Den Haag und Ypenburg durch niederländische Jäger und Flak schwere Verluste.**

**Dagegen wurde der Angriff auf Eben Emael ein voller Erfolg. Die DFS-Lastensegler, in denen jeweils sieben Fallschirmjäger saßen, wurden kurz vor der belgischen**

*Noch mit dem Vorkriegsanstrich ist diese Ju 52/3m versehen, deren Besatzung mitsamt dem ersten Wart sich in Anklam für ein Erinnerungsfoto aufgestellt hat.*

Grenze ausgeklinkt und näherten sich lautlos dem Fort. Die im Inneren des Forts gelandete Sturmgruppe „Granit“ unter dem Kommando von Oberleutnant Witzig benötigte nur 17 Minuten, um mittels Hohlladungen fast alle Geschützstände außer Gefecht zu setzen.
Im Tiefflug steuerten andere Beatzungen ihre vorgegebenen Ziele an. Erst kurz davor stiegen die Piloten auf die minimale Absprunghöhe von 120 Metern und jagten nach dem Absetzen der Fallschirmjäger anschließend im Tiefstflug davon.
Die erste Welle setzte die Fallschirmjäger an den vier Objekten ab, die sogleich im Handstreich genommen wurden. Die Brücken bei Moerdijk fielen unversehrt in die Hände der deutschen Fallschirmjäger.
Weniger erfolgreich verliefen die Kämpfe um den Flugplatz Waalhaven bei Rotterdam. Gewarnt durch die deutschen Fallschirmjäger-Einsätze in Norwegen konnten die gut ausgebildeten niederländischen Flakeinheiten die Fallschirmjäger wirksam beschießen. Dennoch kamen die meisten unverletzt am Platzrand herunter. Die Sperrfeuer schießende Flak sowie auf dem Flugfeld verlegte Minen führten dazu, dass es längerer Zeit bedurfte, ehe die Fallschirmjäger die drei angegriffenen Plätze endgültig in ihre Hand bekamen. Doch die Verluste sind hoch. Etwa 200 Ju 52/3m-Transportflugzeuge der ersten Welle mußten auf mehr oder minder ungeeignetem Terrain landen oder gerieten sogleich ins Feuer der Verteidiger. Fast 85% der Transportmaschinen wurden dabei beschädigt, viele blieben schwer beschädigt oder ausgebrannt in der Landschaft liegen.
Insgesamt kehrten 2/3 Drittel der 430 über den Niederlanden eingesetzten Maschinen aus Holland nicht mehr nach Deutschland zurück. Dies wirkte sich besonders

*Zur Ausrüstung aller Ju 52/3m gehörte diese Verkleidung der Sternmotoren, um sie vor Verschmutzung oder Vereisung zu schützen. Die Aufnahme entstand anläßlich einer Verlegungsübung auf freiem Feld in der Nähe von Memmingen.*

*Bei einer unbekannten Flugschule (FFS C) war die Ju 52/3m, deren in Ausbildung befindliche Besatzung sich hier auf der Tragfläche versammelt hat, in größeren Stückzahlen zu finden.*

*Die 71+W25 flog als Behelfskampf-flugzeug. Die seitlichen Fenster sind bei dieser Verwendung zumeist mit Blech verkleidet. Die Maschinen waren in der Regel mit zwei MG 15 bewaffnet und besaßen vertikal eingebaute Bombenmagazine im Rumpf.*

*Um das Anlassen zu erleichtern besaß dieser Wart eine Stange mit Gummischlaufe, den erhöht sitzenden Mittelmotor ohne Arbeitsbühne anwerfen zu können.*

*Die 72+F11 auf dem Flugplatz von Vechta. Im Vordergrund sind drei mit Versorgungs-gütern beladene einrädrige Karren zu erkennen.*

*In den Flächen dieses Behelfskampfflugzeugs der Legion Condor war ein starres MG 17 nahe bei der Flächenvorderkante eingebaut. Unter dem Rumpf ist der verglaste Waffenstand zu sehen, in welchem der Bombenschütze seinen Platz fand.*

schlimm für die Flugschulen aus, welche die Ju 52 zur Verfügung gestellt hatten und denen die Maschinen nun für die Ausbildung neuer Besatzungen fehlten.
Im August 1940 wurden im Raum Lyon, Lille und Arras auf mehreren Flugplätzen im besetzten Frankreich Fallschirm- und Luftlandetruppen zusammengezogen. Die Transportverbände sollten mit aufgefrischten Fallschirmjägerkompanien am Unternehmen „Seelöwe", der Invasion in England, teilnehmen. Doch die nun gestellte Aufgabe übertraf die bestehenden Möglichkeiten. Das Unternehmen wurde immer wieder verschoben und schließlich ganz aufgegeben.

## BALKAN, GRIECHENLAND UND KRETA

Am 28.10.1940 griff der Duce, Benito Mussolini, überraschend Griechenland an. England reagierte und besetzte die strategisch wichtige Insel Kreta. Nach kurzer Zeit blieb die italienische Offensive stecken. Im November 1940 gingen griechische Truppen in die Offensive. Als sie die albanische Grenze überschritten, mußte die italienische Führung unter allen Umständen ihre Heeresgruppe in Albanien verstärken, doch es fehlte ihr an ausreichend Lufttransportkapazität.
Das italienische Oberkommando bat Hitler um eine mit der 52/3m ausgerüstete Transportgruppe mitsamt deutschem Personal.

Am 9.12.1940 wurden die ersten 17 Maschinen von Graz und Wiener Neustadt nach Foggia verlegt. Die III. Gruppe des Kampfgeschwaders z.b.V. 1 erhielt die Weisung, die von Italien dringend benötigte Ausrüstung und neue Truppen nach Tirana zu bringen. Auf dem Rückflug wurden Verwundete ausgeflogen. Schlechtes Wetter mit plötzlichen Nebeleinbrüchen machte den deutschen Piloten zwar zu schaffen, da aber alle Blindflugerfahrungen hat-

*Die 22-104 flog während des Spanischen Bürgerkriegs bei der Legion Condor zeitweise als Kurier- und Verbindungsflugzeug.*

ten, gab es keine Ausfälle, zumal auch englische Jäger nicht beim Einsatz in Erscheinung traten. Ohne Verluste brachte die Gruppe insgesamt 28.900 italienische Soldaten und 2.900 Tonnen Material nach Albanien. Währenddessen mußten andere Ju 52/3mVerbände in den Feldzug gegen Griechenland eingreifen. Auf dem Weg der Deutschen von Norden gegen die Halbinsel des Peleponnes bildet der Isthmus von Korinth als Landenge den einzigen Zugang. Die 7. Fliegerdivision erhielt den Auftrag, den Isthmus mit einem Bataillon Fallschirmjägern zu besetzen und zu halten, bis genügend Bodentruppen zur Stelle waren.
Das Wetter am Morgen des 26.04.1941 war sonnig und wolkenlos, in Dreier-Gruppen starteten die Ju 52/3m mit Südkurs. Mit den letzten Stukabomben sind die deutschen Fallschirmjäger vor Ort und sprangen aus ihren DFS 230. Durch einen Zufall flog die Brücke nach der Besetzung in die Luft, als der bereits abgebaute Sprengstoff von einer verirrten Flakgranate getroffen wurde.
Anschließend kam die Ju 52 beim Unternehmen „Merkur", einem riskanten Luftlandeunternehmen auf der Insel Kreta, zum Einsatz. Zuvor war es General Kurt Student gelungen, Adolf Hitler davon zu überzeugen, daß die geplante Aktion mit nur geringen Verlusten machbar wäre, Kreta zudem als Bomberstützpunkt für die RAF ausfiele und die deutsche Luftherrschaft im östlichen Mittelmeer nachhaltig gefestigt würde.
Zehn Kampfgruppen z.b.V. mit 525 Ju 52/3m standen für das Unternehmen, dem bislang größten Luftlandeangriff der Geschichte, zur Verfügung. Im südlichen Griechenland wurden Stützpunkte für 228 Bomber, 205 Stukas, 119 Jäger und 114 Zerstörer des VIII. Fliegerkorps geschaffen werden, dazu kamen noch die Kampfgruppen z.b.V. mit ihren Ju 52/3m, die das XI. Fliegerkorps, die Fallschirm- und Gebirgsjäger, nach Kreta bringen sollen. Da die meisten Maschinen im Balkanfeldzug im Dauereinsatz gestanden hatten, und die Motoren überholt werden mußten, gab es nicht nur für die Feldwerften genügend zu tun. Anfang Mai flog deshalb ein Teil der Transportverbände nach Deutschland, in die Tschechoslowakei und nach Österreich. In etwa 14 Tagen wurden 500 Ju 52/3m überholt. 493 Ju 52/3m kehrten am 15.05.1941, nur fünf Tage vor Beginn des Unternehmens „Merkur" nach Griechenland zurück. Doch damit waren die Schwierigkeiten nicht behoben.
Da die gut ausgebauten Plätze bereits von Flugzeugen des VIII. Fliegerkorps belegt waren, mußten die Ju 52/3m meist auf nicht ausgebaute, kleinere Einsatzhorste ausweichen. Vielfach versanken die schwer beladenen Maschinen dort bis zu den Radachsen im weichen Sand. Behinderungen beim Flugbetrieb durch aufgewirbelten Sand und Staub sowie ernste Probleme bei der Beschaffung von genügend Flugbenzin, gefährdeten zeitweise die planmäßige Durchführung des Unternehmens. Allein drei Millionen Liter Treibstoff mußten von Athen in 200-Liter-Fässern herangeschafft werden. Darüber hinaus fehlte die entsprechende Bodenorganisation, und es gab nicht genügend Werkstattkapazität. Das Auftanken der Flugzeuge mußte vielfach von Hand geschehen, da keine Pumpen vorhanden waren. Der Angriff, ursprünglich für den 18.05.1941 vorgesehen, wurde deshalb um einige Tage verschoben. Noch in der in der Nacht zum 20.05.1941 hatten einige Ju 52/3m-Staffel noch immer keinen Treibstoff erhalten. Erst in letzter Minute gelang es, alle Maschinen mit Hilfe von Fallschirmjägern zu betanken. Um 4.30 Uhr starten die ersten Maschinen. Die Transportverbände brauchten etwa eine Stunde, um sich in der Luft zu formieren und endlich in Richtung Kreta abzufliegen.

*Während der Erprobung bei der Deutschen Forschungsanstalt für Segelflug (DFS) in Ainring bei Salzburg entstand dieses Bild einer Ju 52/3m, die einen DFS 230-Lastensegler (CB+ZB) im Starrschlepp mitführt.*

Die erste Angriffswelle wurde mit DFS 230-Lastenseglern zum Zielraum getragen. Die Masse der übrigen 5.000 Luftlandesoldaten sollte jedoch als Fallschirmjäger aus den Ju 52/3m abspringen und möglichst schnell den Widerstand der englischen Truppen brechen.
Dem Angriff ging zwar ein heftiges Bombardement voraus, doch nicht alle Stellungen des Gegners waren erkannt oder gar getroffen worden. Als gegen 7.15 Uhr, das Fallschirmjäger-Sturmregiment bei Malemes nieder schwebte, erlitt es überraschend schwere Verluste. Das erste Bataillon des Sturmregiments konnte die beherrschende Höhe 107 nicht im ersten Anlauf nehmen. Das III. Bataillon erlitt bereits am Schirm schwere Verluste durch die nun gewarnte Bodenabwehr. Ebensowenig vermochte es das Fallschirmjäger-Regiment 3, sich der kretischen Hauptstadt Chania im Handstreich zu bemächtigen.
Da den 493 nach Kreta gestarteten Ju 52/3m bei der Rückkehr nur relativ wenige fehlten, ging die eigene Führung von einem planmäßigen Verlauf der gesamten Aktion aus, zumal zeitweise keine Verbindung zu den Luftlandetruppen bestand.
Am Nachmittag des 20.05.1941 startete die zweite Welle. Diese bestand aus den Fallschirmjäger-Regimentern FJR 1 und FJR 2. Die Ziele hießen Iraklion und Rethymmon. Doch auch diese Luftlandung endete für die aus den Ju 52 abgesprungenen Fallschirmjägern äußerst blutig. Beide Städte blieben vorläufig in britischer Hand. Erst gegen Ende des Tages änderte sich die Lage; die Fallschirm-

*Nahansicht der Starrschleppeinrichtung, die am hinteren Rumpfwerk der Ju 52/3m befestigt war. Im Laufe der Zeit wurden diese Anlagen jedoch gegen die leichter am Spornrad zu befestigenden Seilschlepp-Kupplungen ausgetauscht.*

truppen konnten sich allmählich durchsetzten. Am nächsten Tag glückte es drei Ju 52-Besatzungen, trotz des starken feindlichen Feuers, den ersten, dringend erwarteten Nachschub nach Malemes zu fliegen. Dort landeten am Nachmittag des 21.05.1941, trotz des gut liegenden englischen Artilleriefeuers die ersten Ju 52/3m-Staffeln mit Gebirgsjägern. Bis zum Abend gelang es den Transportfliegern, ein vollständiges Gebirgsjäger-Regiment im Lufttransport nach Kreta zu schaffen. Innerhalb von 48 Stunden beförderten die Besatzungen insgesamt 23.464 Mann auf die Mittelmeerinsel.

Aber der Gegner wehrte sich weiterhin verbissen. Keine 20 Minuten nach dem Absetzen der zweiten Welle war das II. Bataillon des FJR 1 in den Bodenkämpfen nahezu aufgerieben.

Erst Ende Mai 1941 zeichnete sich der vollständige Sieg der Fallschirmjäger ab. Die englischen Verbände zogen sich wenig später von der Insel Kreta zurück.

Entgegen den Voraussagen war das Unternehmen „Merkur“ sehr verlustreich verlaufen.

Die Operation kostete nicht nur 4.000 gut ausgebildete Fallschirmjäger, sondern hatte auch den Verlust von über 150 Ju 52/3m, die für die im weiteren Kriegsverlauf notwendigen Transportmissionen dringend notwendig waren, zur Folge.

*Nahaufnahme der zum Bestand der DFS gehörenden Ju 52/3m (D-AOQA), an der ein DFS 230-Lastensegler angekuppelt wurde.*

*Drei Ju 52/3m mit einem DFS-Lastensegler mit sieben Mann der Sturmgruppe „Eisen“ in Köln-Butzweilerhof beim Start zum Einsatz in Eben Emael.*

*Drei Ju 52/3m mit jeweils einem Lastensegler mit Männern der Sturmgruppe „Granit“.*

*Blick des Bordschützen, der mit seinem MG 15 den Luftraum sicherte, auf den nachgeschleppten Lastensegler.*

*Drei Fallschirmjäger in Stendal vor ihrer Absetzmaschine, einer Ju 52/3m. Um Verletzungen bei der Landung vorzubeugen, tragen die Männer Knieschützer.*

*Zum Betanken der Ju 52/3 m auf dem Flugfeld wurden vielfach Flugbetriesstoff-Kesselwagen (Ah. 454) verwandt.*

*Absetzübung von Fallschirmjägern von einem geschlossenen Ju 52-Verband über Mitteldeutschland.*

*Vor einem Übungseinsatz besteigt eine Gruppe Fallschirmjäger am frühen Morgen ihre Ju 52/3m. Das MG 15 im Rumpfstand ist ausgebaut.*

*Im Einsatz wurde aus einer Höhe von nur 120 m abgesprungen, um dem Gegner keine Möglichkeit zu geben, die niedergehenden Fallschirmjäger mit Erfolg zu bekämpfen. Der Ausbilder beobachtet vom Heckstand aus den Absprung.*

*Nacheinander haben die Fallschirmjäger die Ju 52/3m durch die Seitentür verlassen. Die Auslösung der Schirme erfolgte mechanisch über die in der Maschine angebrachten Reißleinen.*

*Massenabsprung von Fallschirmjägern am 17.08.1940 in der Nähe von Stendal.*

*Den 250. von ihnen bei einer Ju 52/3m ausgetauschten Sternmotor feierte diese Gruppe von Warten im Spätsommer 1940 in einer Feldwerft im besetzten Polen.*

*Blick in die Innenseite des Laderaums einer Ju 52/3m. Auf der linken Stirnseite sind die Funkgeräte installiert. Als Sitzgelegenheit für den Bordfunker mußte ein kleiner Hocker genügen.*

*Während der Entladung dieser in Süditalien gelandeten Transporter griffen englische Jagdbomber die am Boden kaum zu verfehlenden Ziele an. Die meist schwache Platzflak konnte die Attacken zumeist nicht unterbinden.*

*Bei einem Werkstattflug über dem Reichsgebiet blieb nach erfolgten Reparaturarbeiten die zwei bis vier MG 15 umfassende Abwehrbewaffnung ausgebaut. Eine der Waffen war ursprünglich in einer Drehlafette über dem Beobachtersitz angebracht.*

*Auch diese Ju 52/3m gehörte zu den vielen in den Niederlanden beschädigten oder zerstörten Transportmaschinen, die während der Luftlandeeinsätze verlorengingen. Bei dieser Maschine riss offensichtlich das Heck der Maschine ab.*

*Bei der Landung in den Niederlanden ging die zur 1./Kampfgruppe z.b.V. gehörende 9P+HL zu Bruch. Im Hintergrund steht eine weitere Maschine der Staffel, die ebenfalls an dem Luftlandeeinsatz teilnahm.*

*Zur Kampfgruppe z.b.V. 1 (1Z+) gehörte diese Ju 52/3m, die bei der Landung in den Niederlanden eine Stromleitung streifte.*

# DER FELDZUG IN NORDAFRIKA

Auch im übrigen Mittelmeerraum wurden Ju 52-Transportflugzeuge benötigt. In Nordafrika mußten die deutschen und italienischen Truppen über das Mittelmeer hinweg versorgt werden. Anfang Februar 1941 war erst eine Gruppe des Kampfgeschwaders z.b.V. 1 vom Flugplatz Comiso/Sizilien aus im Einsatz, um die erforderliche Verstärkung zu Flugplätzen in Nordafrika zu fliegen. Nach dem Beginn der Offensive vom 31.03.1941 übernahm die Kampfgruppe zur besonderen Verwendung (KGzbV) 1 verstärkt durch weitere Transportfliegerkräfte die notwendige Versorgung. Verwundete und Kranke wurden nach Europa zurückgeholt. Die einzelnen Staffeln des Geschwaders starten je nach Anforderung von Sizilien und Griechenland aus. Bis zum März 1941 flogen die Transportverbände meist mit etwa fünfundzwanzig Ju 52/3m, die sich selbst mit ihren MG 15 Deckung geben sollten, aber ohne jeglichen Jagdschutz durch die Bf 109 oder die Bf 110. Erst nach dem Verlust etlicher Maschinen stellte das OKL einen Geleitschutz von Bf 110-Zerstörerflugzeugen zur Verfügung.

Im Dezember 1941 versenken die Alliierten zahlreiche Versorgungsschiffe der beiden Achsenmächte. Die weitere Versorgung des Afrikakorps war mittelfristig gefährdet.

Es fehlte vor allem an Verpflegungsnachschub, Munition und Treibstoff für das Afrikakorps und die italienischen Bundesgenossen. Die eigenen Verbände mußten sich daher bis in die Große Syrte zurückziehen.

Um im Jahre 1942 den Bedarf für das Afrikakorps wenigstens zum Teil zu decken, flogen die Ju 52-Besatzungen oftmals bis zu drei Einsätze am Tag. Das bedeutete für die Besatzungen eine reine Flugzeit von zwölf Stunden pro Einsatztag. Um täglich ungefähr 1.000 Soldaten und 25.000 kg Material von Europa nach Nordafrika zu bringen, benötigen die Transporter bei ihren Flügen jede Menge Treibstoff. Eine einzige Ju 52/3m brauchte für einen Versorgungsflug von Kreta nach Tobruk und zurück immerhin 2.400 Liter Kraftstoff. Für einen Versorgungsflug von Kreta nach Bengasi waren es sogar 3.200 Liter. Für den Rückflug von Nordafrika mußte sogleich ein Teil des herangeschafften Kraftstoffs genutzt und in die Tanks der Ju 52 umgepumpt werden. Pro Flug konnten daher nur sechs bis zehn Fässer zu 200 Litern entladen und an das Afrikakorps ausgegeben werden.

Nach der Eroberung Tobruks stieß der Wüstenfuchs, Erwin Rommel, mit seinem Afrikakorps in Richtung des Suez-Kanals vor. Doch bei El Alamein brach seine Offensive im August 1942 zusammen. Seine erschöpften, nicht ausreichend versorgten Truppen traten vor Erreichen des Zieles den Rückzug an.

Ende 1941 wurden deutsch-italienische Verbände zwischen Soll um und dem Halfaya-Paß eingeschlossen. Wegen der Luftüberlegenheit der Engländer und zahlreicher gegnerischer Flak-Stellungen konnten die Ju 52/3m nur nachts die eigenen Verbände anfliegen, um Wasser und Verpflegung an Fallschirmen abzuwerfen. Am 17.01.1942 kapitulierten die dort abgeschnitten eigenen Truppen. Während dieser Versorgungsflüge gingen mindestens neun Ju 52/3m verloren.

Nach dem Zusammenbruch des Afrikakorps Ende August 1942 bei El Alamein verlegte die RAF ihre Flugplätze weiter nach Westen. Hierdurch vergrößerte sich die englische Luftüberlegenheit erheblich, wodurch vor allem die Verluste der mit der Ju 52/3m ausgerüsteten Transportgruppen der Luftwaffe stark anstiegen.

Nachdem am 8.11.1942 die Amerikaner in Nordafrika gelandet waren, zogen sich die verbliebenen deutschen und italienischen Truppen in den immer heftiger bedrängten Brückenkopf bei Tunis zurück. Wegen der alliierten Luftüberlegenheit kamen kaum noch Versorgungsgüter zu den dortigen Verbänden durch. Am 5.04.1943 schossen amerikanische Jagdmaschinen nördlich von Cap Bon insgesamt 14 Ju 52/3m ab, weitere zehn Maschinen wurden am gleichen Tag bei Luftangriffen auf die Flugfelder in Sizilien zerstört und zusätzlich wurden 65 schwer beschädigt. Fünf Tage später, am 10.04.1943 traf es fünf Ju 52/3m, einen Tag später 18 voll beladene Ju 52. Obwohl am 18.04.1943 insgesamt 15 Bf 109 G und fünf Bf 110 die im Pulk fliegenden 65 Ju 52/3m schützten, gelang es den alliierten Piloten, 24 deutsche Transportmaschinen zu vernichten. Die verbliebenen 35 erreichten mit Mühe die Küste Tunesiens und landeten teilweise mit starken Schäden auf den Stränden des Mittelmeers.

Am 13.051943 kapitulierte die Heeresgruppe Afrika unter Generaloberst von Arnim. Zwischen dem 1.01.1943 und dem 31.05.193 wurden im Mittelmeerraum durch Lufttransport 55.034 Mann und 26.582 Tonnen Material befördert.

Trotz dieser imposanten Transportleistung reichte die Luftversorgung nicht aus, um die siegreiche Operation der in Nordafrika eingesetzten Großverbände auf Dauer sicherzustellen. Gegen die materielle Überlegenheit der englischen und amerikanischen Kräfte konnte die Heeresgruppe Afrika auf Dauer nicht bestehen, nachdem auch die Luftüberlegenheit auf den Gegner übergegangen war.

*Noch relativ viel Glück hatte die Besatzung dieser Ju 52/3m, deren Maschine vor einigen Häusern gerade noch zum Stehen gekommen war. Das Leitwerk ist an der Sollbruchstelle abgeknickt.*

*Nahansicht einer Ju 52/3m der Kampfgruppe z.b.V. 1 (1Z+GW), die 1942 bei Tripolis gelandet ist. Vor der Maschine standen (v.l.n.r.) die Unteroffiziere Lindner, Stephan, Geißler und Schmuck. Zu beachten ist das MG 15 in der Fensterlafette.*

*Kreta gehörte zu den schweren Aderlässen, welche die Ju 52/3m während der Einsätze im Zweiten Weltkrieg hinnehmen mußte. Diese hier abgestellten Maschinen waren zuvor an den Stränden gelandet und dabei zu Bruch gegangen.*

*Eine weitere Ansicht der durch den Baumbestand gebrochenen Ju 52, deren Absturz auf einer starken Vereisung im Winter 1939/1940 zurückzuführen war.*

*Im Februar 1940 stürzte diese Ju 52 (PE+ZN) im dichten Wald ab. Die Besatzung konnte verletzt geborgen werden. Anschließend zerlegte eine Bergungsmannschaft die beschädigte Maschine.*

*Vor der vereisten Maschinen hat sich das Bergungsteam zum Erinnerungsbild aufgestellt, nachdem es die drei Sternmotoren bereits demontiert hatte. Gut sichtbar sind die an der Ruderanlage eingetretenen Schäden.*

*Mittels der Mausi-Schleife wurden gegnerische Magnetminen in den Fahrrinnen der Häfen durch Erzeugung eines Magnetfelds zur Explosion gebracht. Wegen der aufschießenden hohen Wassersäulen waren diese Einsätze sehr gefährlich.*

*Die Robustheit der Konstruktion der Ju 52-Transporter wird verdeutlicht durch die hohe Belastbarkeit der Tragflächen. Unter dem Rumpf wurde zwischen dem Hauptfahrwerk gerade eine sperrige Außenlast angebracht.*

*Zahlreiche Ju 52/3m wurden den Motorenherstellern als Erprobungsträger für neue Triebwerke überlassen. Als Mittelmotor dieser Maschine war eine neue Ausführung des BMW 801 angebracht, um im Dauerbetrieb getestet zu werden.*

*Diese Ju 52/3m diente der Erprobung von Jumo 210, 211 und 213-Flugmotoren im Junkers-Motorenwerk in Dessau. Das Testtriebwerk war mit einer Verstell-Luftschraube ausgerüstet.*

*Nahansicht des Einbaus eines Versuchsmusters eines Jumo 211-Flugmotors, der mittels der Ju 52/3m nach längeren Prüfstandsversuchen nun auch im Flug auf sein Leistungsvermögen untersucht wurde.*

*Die Möglichkeiten eines gut ausgebauten Platzes, wie hier München-Riem, sollten diese Ju 52/3m-Besatzungen in Kürze vergessen können. Auf den Einsatzplätzen in Nordafrika fehlte es vielfach an genügend Werftkapazität und damit an der Möglichkeit, größere Reparaturen durchzuführen.*

*Zum Bestand der Kampfgruppe z.b.V. 107 gehörte diese bereits lange beim Verband befindliche Ju 52.*

*Beim Verlegungsflug ist diese Ju 52/3m über der griechischen Insel Thasos angekommen. Die aus dem Waffenstand geschossene Aufnahme entstand im Frühjahr 1941.*

*Mit dieser Ju 52/3m wurden im Spätsommer 1942 mehrere Schwerstverwundete vom südlichen Kriegsschauplatz in die Heimat zurückgebracht. Im Hintergrund rollt eine Me 410 zum Start.*

*Auf dem Flug am 24.04.1941 hatte das im Lufttransport beförderte Bodenpersonal eines Einsatzverbandes - wie der Blick aus dem Fenster zeigt - das Mittelmeer erreicht.*

*Beim Flug über das griechische Festland entstand diese Aufnahme einer Ju 52/3m mit weißem Rumpfband, die von der Nachbarmaschine aus aufgenommen wurde.*

# DER KRIEG GEGEN DIE SOWJETUNION

Nach anfänglichen Erfolgen hatte sich der Feldzug im Osten grundlegend verändert. Trotz immenser personeller wie materieller Verluste auf Seiten des Gegners hatten Adolf Hitler und die Mehrzahl seiner Generale die Möglichkeiten der Sowjetunion unterschätzt, die zunehmend von den westlichen Alliierten unterstützt wurde. Die Weite des russischen Raumes und damit die Überdehnung der eigenen rückwärtigen Verbindungen führten zusammen mit Nachschubengpässen und der feindlichen Witterung dazu, dass mit dem Einsetzen der Schlammperiode im Osten sich das Kriegsglück wandelte. Der Feldzug gegen die Sowjetunion trat spätestens vor den Toren Moskaus in eine überaus kritische Phase. Der deutsche Vormarsch stockte im russischen Winter.

Trotz des starken Frostes ging die Rote Armee mit neuen, ausgeruhten Kräften, auf breiter Front zur Offensive über. Am 8.01.1942 durchbrach der Gegner die Verbindung zwischen den Heeresgruppen Nord und Mitte. Einen Monat später schnitt er bei Demjansk sechs deutsche Divisionen mit insgesamt 100.000 Mann von der Etappe ab. Es gab nur noch eine Möglichkeit, die eigenen Kräfte zu retten: die umfassende Versorgung aus der Luft. Der gesamte von der Truppe benötigte Nachschub mußte in den verschneiten Kessel eingeflogen werden. Für fast vier Monate wurde diese Aufgabe vor allem von mit der Ju 52/3m ausgerüsteten Transportverbänden von den gut ausgebauten Flugplätzen in Pleskau, Korowja Sato, Ostrow-Süd, Tulebija, Riga und Dünaburg durchgeführt.

Zunächst ging man davon aus, dass täglich ein Minimum von 300.000 kg in den Kessel gebracht werden mußte, damit die Truppe sich weiterhin erfolgreich würde verteidigen können. Nur zwei Landestreifen standen in Demjansk zur Verfügung. Außerdem stand noch ein relativ kleiner Abwurfplatz für Versorgungsbomben bereit. Demjansk selbst hatte nur einen Feldflughafen mit einem kleinen Funkfeuer als einzigem Navigationsmittel. Zunächst wurde daher eine gut 800 Meter lange Startbahn nebst ausreichend Abstellplätzen aus festgewalztem Schnee erstellt.

Mitte Februar 1942 stand fest, dass die täglich angesetzte Versorgungsmenge trotz des Einsatzes von bis zu 220 Ju 52 nicht zu erfüllen war. Infolge der Witterungsverhältnisse sowie der tiefen Temperaturen von bis zu - 45 Grad sank die Einsatzbereitschaft der Maschinen um nahezu 60%. Vor allem Warmlufterzeuger für die Sternmotoren, ausreichend Werftkapazität und Ersatzteile fehlten auf den rückwärtigen Absprungplätzen.

Am 19.02.1942 erfolgte ein erster Versorgungsflug. Einige Wochen später stand zusätzlich der Behelfsplatz Pjesti mit einer 600 Meter langen Landebahn, ebenfalls aus festgewalztem Schnee, für die Ju 52/3m bereit. Täglich wurden auf beiden Feldflugplätzen bis zu 600 Versorgungsflüge abgefertigt. Auf 30 Entladeplätzen konnten die Ju 52 gleichzeitig abgefertigt werden.

Die Piloten des Jagdgeschwaders 51 und 54 erhielten den Befehl, den Transportmaschinen Geleitschutz zu geben. Bei den damaligen Witterungsbedingungen blieb der Jagdschutz jedoch vielfach aus. Über Demjansk litten selbst die Zellen und Motoren der überaus robusten Ju 52. Nur 40 an Stelle von üblicherweise 200 Betriebsstunden hielten die BMW 132 bei der überdurchschnittlichen Belastung aus.

Trotz aller Widernisse gelang es den eingesetzten Kampfgruppen z.b.V. 1, 4, 5, 8, 105, 500, 700, 800 und 900 weiteren Transportverbänden fast täglich die geforderte Leistung von 300.000 kg an unterschiedlichsten Nachschubgütern in den Kessel einzufliegen. Allein 24 Millionen Liter Treibstoff für die vielen Fahrzeuge der eingeschlossenen Divisionen sowie 15.500 ausgeruhte Soldaten landeten im eingeschlossenen Demjansk. Knapp 22.700 Verwundete oder Erkrankte flogen mit den Transportern nach Westen zurück. Doch die Verluste im Raum Demjansk waren hoch: Die deutsche Luftwaffe büßte über 260 ihrer Transportflugzeuge ein, ehe die Truppen im Kessel entsetzt werden konnten.

*Bereits über Ostdeutschland war die Überführung dieser Transportmaschine zu Ende. Nach dem Ausfall zweier Motoren mußte die zum Bestand der Kampfgruppe z.b.V. 1 gehörende Ju 52 auf freiem Feld notlanden.*

Neben der Luftversorgung von Demjansk lief damals noch die Versorgung des Kessels von Cholm, nördlich Welikije Luki. Dort war Kampfgruppe von 3.500 Mann eingeschlossen worden. Da der Kessel keinen ausgebauten Flugplatz hatte, sondern nur eine kleine Landepiste gleich neben der Hauptkampflinie besaß, wurden zumeist Versorgungsbomben von erfahrenen Besatzungen des eigens dafür verstärkten Kampfgeschwaders 4 über dem tief verschneiten Cholm abgeworfen. Gleichzeitig waren die Bomberbesatzungen offensiv gegen die den Kessel umschließende Divisionen der Rote Armee eingesetzt. Die Reste der eingeschlossenen Kampfgruppe wurden am 5.05.1942 von Kräften des XXXIX. Armeekorps entsetzt.

Mitte November 1942 hatte General Paulus, der Oberbefehlshaber der 6. Armee, die im Südabschnitt der Ostfront gelegene Großstadt Stalingrad bereits nahezu eingenommen. Während die Häuserkämpfe noch tobten und der erste Schnee fiel, brach eine russische Gegenoffensive in ungeahnter Stärke los. Die über 300.000 Mann starke 6. Armee mit ihren fünf Armeekorps, wurde fast von einem Tag zum anderen von ihren Versorgungslinien abgeschnitten.

Die sich am 20.11.1942 abzeichnende Einkesselung führte bei der Luftflotte 4 dazu, trotz der ungünstigen Witterung sofort Vorbereitungen für eine umfassende Luftversorgung der Armee zu treffen. Anfangs wurde seitens der 6. Armee ein Minimum von täglich 750.000 kg an Versorgungsgütern gefordert, später nur noch 500.000 kg. Dies hätte dem Einsatz von 375 Ju 52/3m pro Tag entsprochen, die jeweils mit 2.000 kg Nachschub im Kessel hätten landen müssen. Noch dazu hätte es einer entspre-

*Während der Liegezeit auf dem Flugplatz Reichenbach entstand diese Aufnahme von Ju 52/3m der 7. Staffel der Kampfgruppe z.b.V. 1, deren Motto auf dem Staffelwappen „Schwein muß sein" deutlich wurde.*

**chend aufwendigen Flugplatzorganisation mit der gebotenen Infrastruktur bedurft, um diese Aufgabe zu lösen. Zwar konnten bald die für den Versorgungseinsatz benötigten 300 Transportmaschinen aufgeboten werden, nachdem man das KG 55 für die Versorgungseinsätze herangezogen hatte, doch die immer ungünstigere Witterung beeinträchtigte den Flugbetrieb erheblich. Noch dazu sorgte die immer besser eingespielte russische Luftverteidigung, massierte Flakkräfte und eine stetige Verkleinerung des Kessels dafür, dass sich der Versorgungseinsatz immer schwieriger gestaltete.**

**Nach einer Besprechung der Luftwaffenführung mit dem Reichsmarschall Hermann Göring, am 23.11.1942, wurde der Mehrzahl der daran Beteiligten klar, dass mit mehr als 350.000 kg Nachschub pro Tag nicht zu rechnen war. Doch Göring beharrte weiterhin täglich auf 500.000 kg an Nahrung, sonstigen Versorgungsgütern, an Treibstoff und Munition für die angeschlagene 6. Armee. Zunächst wurden alle im Reichsgebiet noch verfügbaren Ju 52 aus dem Bereich der Kurier- und Verbindungsfliegerei, vor allem aber die bei den Flugschulen (FFS C und Blindflugschulen) eingesetzten Transportflugzeuge kurzfristig für den Einsatz über Stalingrad herangezogen.**

**Während der ersten beiden Tage des gerade angelaufenen Versorgungseinsatzes, also am 25. und 26.11.1942 , gelang es trotz aller Anstrengungen der Luftwaffe, nur 65.000 kg Nachschub einzufliegen, obwohl die Entfernung zum Kessel anfangs nur 200 Kilometer betrug.**

**Ab dem 2.12.1942 setzte klirrender Frost ein. Selbst die Motoren der Ju 52/3m sprangen nicht mehr ohne weiteres an. Es fehlte - wie schon bei der Kesselversorgung von Demjansk - eine ausreichend große Anzahl an Wärmeaggregaten, Wartungszelten und sonstigem Gerät, um den Flugbetrieb trotz der Kälte dauerhaft sicherstellen zu können. Vom 25. bis 29.11.1942 konnten die Maschinen, in der Mehrzahl Ju 52, dennoch 269.000 kg einfliegen.**

**Die Verluste unter den Ju 52-Besatzungen waren zunächst gering. Die Feindeinwirkung fiel anfangs noch recht moderat aus. Um so höher waren aber die Ausfälle durch die schlechten Wetterverhältnisse sowie durch die ständige Überbeanspruchung des Materials. Notwendige Wartungsarbeiten mußten wegen der Vielzahl der geforderten Versorgungsflüge immer wieder verschoben werden.**

**Bis zum 12.12.1942 lag die durchschnittliche Tagesleistung bei 93.000 kg anstelle von 500.000 kg. Bei relativ gutem Wetter flogen die Ju 52/3m-Besatzungen in Ketten oder geschlossenen Staffelverbänden, teilweise auch mit etwas Geleitschutz durch Bf 109-Jäger. Bei schlechter Sicht steuerte die Besatzungen ihr Ziel einzeln oder zu zweit an, bei Nacht wurde grundsätzlich nur einzeln zum verschneiten Kessel geflogen. Anders als in der Anfangsphase wurden die Ju 52 während der gesamten Flugzeit von einmotorigen Jägern bedrängt und seitens der massierten Flakkräfte unter Feuer genommen. Zudem lagen die Landeplätze im Kessel unter dem stetem Störfeuer sowjetischer Geschütze und Granatwerfer. Die Landestreifen und Abstellplätze waren übersät von Trümmern, was den ohnehin gefährlichen Flugbetrieb noch mehr erschwerte.**

**In Tacinskaija, einen der für die Luftversorgung von Sta-**

*Als Teil der 12. Staffel der Kampfgruppe z.b.V. 1 haben die 1Z+AW und 1Z+FW ihren neuen Absprunghafen erreicht. Obwohl keine Hangars zur Verfügung standen, konnte die Feldwerft mittels schweren Geräts selbst Arbeiten an den Triebwerken durchführen.*

*Während der 20-Stunden-Kontrolle fand der Staffelchef Zeit für diesen Fototermin, bei dem er die Warte der 1./Kampfgruppe z.b.V. 105, die sich gerade an der Triebwerksanlage zu schaffen machten, ablichtete.*

*Nachdem die CR+VC am 26.08.1944 bei der Landung zu Bruch gegangen war, wurde die bereits schwer beschädigte Maschine vier Tage später von alliierten Tieffliegern entdeckt und in Brand geschossen.*

lingrad wohl wichtigsten Feldflughäfen, hatte man 200 Transportmaschinen zusammengezogen, ohne dass die dafür notwendige Infrastruktur im mindesten vorhanden war. Die Versorgungsgüter jeglicher Art lagerten auf freiem Feld entlang des Bahnhofsgeländes. Die Besatzungen waren in Bretterbuden oder Schneehäusern untergebracht. Wartungseinrichtungen fehlten fast vollständig. Die Lage geriet zunehmend außer Kontrolle.
Am frühen Morgen des 24.12.1942 tauchten völlig überraschend starke sowjetische Panzergruppen am Platzrand auf und überrannten den tief verschneiten Behelfsplatz. Die Versorgung geriet nach dem Ausfall von Tacinskaija sofort in eine ernste Krise.
Erst ab dem 1.01.1943 erhielt Stalingrad wieder täglich 200.000 kg an Versorgungsgütern und Munition.
Immer mehr stellte es sich als nicht zu leugnende Tatsache heraus, dass die 6. Armee nicht vollständig auf dem Luftwege zu versorgen war. Der Verlust von etwa 500 der eingesetzten Flugzeugen und nahezu 1.000 Mann an gut geschultem fliegenden Personal, insbesondere das der Flugschulen, kam die Luftwaffe fast so teuer zu stehen, wie die Verluste, welche 1940 bei den Luftangriffen auf Ziele in England eingetreten waren.
Nach dem Zusammenbruch der deutschen Front am Fluß Tschir wurden die angeschlagenen Transportverbände zurück nach Schachty, Jamiensk, Schachtinskij, Meshetinskaja und Salsk verlegt. Von diesen Flugfeldern aus, waren bis Stalingrad nahezu 370 Kilometer zurückzulegen. Der Tagesdurchschnitt der Nachschublieferungen sank daher regelmäßig auf weit unter 100.000 kg.
Nach dem in Schnee und Eis, letztlich am harten gegnerischen Widerstand im Dezember 1942 gescheiterten Entsatzversuch der deutschen 4. Panzerarmee griffen die Russen immer wieder die deutschen Stellungen im Südabschnitt der Ostfront an. Auch der Flugplatz von Salsk, der etwa 400 km von Stalingrad entfernt war und zur Drehscheibe der Kesselversorgung hätte werden sollen, wurde überrollt. Nördlich Schachtys entstand bei Swerowo auf freiem, ungeschützten Feld ein eher provisorischer Landestreifen, der noch gerade innerhalb der Reichweite der Ju 52-Transporter lag. Der Platz verfügte über keinerlei flugtechnische Einrichtungen. Er besaß lediglich eine festgestampfte Schneepiste, etliche Schneehütten und einige windschiefe Bretterbuden für die Besatzungen und das Bodenpersonal. Doch kaum einen Tag nach der Verlegung nach Swerowo starteten die ersten Ju 52/3m wieder mit Ziel Stalingrad.
Inzwischen aber waren im Südabschnitt der Ostfront die Jagdfliegerkräfte des Gegners erheblich verstärkt worden. Ihre Angriffe auf die Ju 52 wurden von Tag zu Tag heftiger. So sammelten sich die Ju 52/3m-Verbände zunächst über dem eigenen Platz, um sich auf dem gefahrvollen Weg zum Kessel von Stalingrad mittels der eigenen Defensivbewaffnung im engen Verband besser schützen zu können.
Anfang 1943 eskalierte die Lage vollends, als am 16.01.1943 russische Verbände den letzten größeren Flugplatz im Kessel von Stalingrad überrannten. Ohne Pitomnik war ein geordneter Versorgungsbetrieb nicht mehr zu erwarten. Zwischen dem 24.01.1943 und dem 2.02.1943 warfen daher meist He 111-Bomber noch einmal 779.000 kg an Versorgungsgüter über dem umkämpften Kessel ab. Über die Hälfte der an Fallschirmen hängenden Versorgungskanister fiel in tiefe Schneewehen oder gleich in die Hände der Roten Armee. Die vom Wind abgetrieben Nachschubbomben konnten im Schnee kaum ausgemacht werden, da der zusammenfallende Schirm ihre Lage im Schnee verdeckte. Die entkräfteten Verteidiger waren vielfach nicht mehr in der Lage sind, die verstreut niedergehenden Behälter überhaupt zu bergen.
Die Versorgung durch Fliegerkräfte der Luftflotte 4 führte vom 1. bis zum 16.01.1943 zu immerhin 3.410 Versorgungsflügen, wobei jedoch nur 5.300.000 kg Material in den Kessel geflogen wurden.
Generalfeldmarschall Erhard Milch forderte zwar sofort weitere Flugzeuge und vor allem Wärmewagen an, doch das späte Engagement nützte angesichts der hoffnungslosen Lage vor Ort nur wenig. Einige Tage später, am 19.01.1943, standen 363 Maschinen, vor allem Ju 52 und He 111, auf den Einsatzplätzen, für Versorgungsflügen bereit. Von diesen waren jedoch nur 40 Prozent in flugtauglichem Zustand. Der im Kessel gelegene, ohnehin wenig leistungsfähige Flugplatz Gumrak konnte nur mit starken Einschränkungen genutzt werden. Selbst das Entladen der Maschinen fiel den entkräfteten Männern schwer. Noch dazu war der Platz von Trümmern übersеht und ständig Angriffen gegnerischer Artillerie und Schlachtflieger-Attacken ausgesetzt.
Dennoch landeten in der Nacht zum 22.01.1943 dort noch einmal 21 He 111 H-16 und H-20-Maschinen sowie vier vollbeladene Ju 52. Kurz darauf wurde der Platz von den russischen Panzern überrollt. Am 2.02.1943 riss die

*Eine weitere Aufnahme zeigt, dass es sich beim Flugplatz Reichenbach nur um einen Ausweichplatz handelte, dessen Infrastruktur für die Aufnahme von größeren Einheiten nicht geeignet war. Die Maschinen gehörten zur Kampfgruppe z.b.V. 1.*

*Auf dem Flugplatz von Eigen traf im Juni 1940 diese Ju 52/3m ein. Die Maschine mußte auftanken, um den für Foggia geladenen Materialnachschub termingerecht zum Zielort zu bringen.*

*Nahansicht des offenen, auf der hinteren Rumpfoberseite gelegenen Waffenstandes, der zunächst nur mit einem leichten MG 15 bestückt war. Später wurde diese Waffe vielfach durch ein kampfstärkeres MG 131 ausgetauscht.*

*In Herdla in Norwegen geriet diese bereits beschädigte Ju 52 im Frühjahr 1942 beim Ausrollen in diese gemauerte Splitterschutzbox, wobei Flächen und Triebwerke leicht beschädigt wurden.*

Funkverbindung zur 6. Armee endgültig ab. Die Kämpfe in dem riesigen Ruinenfeld erstarben. Der von Hitler zum Generalfeldmarschall ernannte Befehlshaber des Kessels, General Paulus, hatte kapituliert.
In 70 Einsatztagen war es den Transportfliegerkräften der Luftwaffe gelungen, insgesamt 6.591.000 kg an Treibstoff und Material einzufliegen und über 24.900 Mann, zumeist Verwundete, wieder nach Westen mitzunehmen. Doch der Preis war überaus hoch, knapp 500 Maschinen der Luftwaffe gingen über der Hölle von Stalingrad verloren. Die Hälfte davon waren 266 dreimotorige Ju 52-Transporter. Zahlreiche weitere blieben auf den Versorgungsbasen unklar zurück oder wurden von der zurückweichenden Truppe selbst gesprengt.
Die Rote Armee drang nun immer schneller nach Westen vor. Die Wehrmacht kämpfte angesichts sinkender Treibstoffreserven auf verlorenem Posten. Nach dem Ende der Kämpfe um Stalingrad mußte mit der Luftversorgung der 17. Armee im Kuban-Brückenkopf begonnen werden. Am 3.02.1943 verlegte der Lufttransportführer auf Befehl der Luftflotte 4 seine Maschinen nach Mariupol. Als Landeplätze im Kuban-Brückenkopf dienten zumeist notdürftig im Gelände abgesteckte Rollbahnen, die bei der laufenden Frontveränderung mehrfach wechselten. In der letzten Phase der Räumung des Brükkenkopfes vom 7.09.1943 bis zum 9.10.1943 brachten die Transportfliegerverbände der 4. Luftflotte 1.154.000 kg an Gerät und 15.661 Soldaten auf die noch von der Wehrmacht gehaltene Krim zurück. Doch die erdrückende Überlegenheit des östlichen Gegners schob die deutschen Verbände stetig zurück.
Mitte Januar 1944 befand sich die Heeresgruppe Süd in einem weiten Frontbogen westlich des Dnjeprs, in zähen Verteidigungskämpfen. Am Abend des 28.01.1944 wurden das XI. Armeekorps sowie Teile des XXXXII. Armeekorps, zusammen insgesamt 54.000 Mann, im Kessel von Tscherkassy und Korsun von der Roten Armee eingeschlossen und mußten zwischen dem 31.01.1944 und

*Im Herbst 1942 entstand diese Aufnahme von Wartungspersonal, das zu einer unbekannten Feldwerftabteilung gehörte. Interessant ist der gelbe Anstrich an den Motorenverkleidungen.*

*Nach einer Bruchlandung infolge eines Defektes an der Steuerung blieb diese Ju 52/3m in Lappland liegen. Mittels etlicher Zweige wurde die Kontur der Maschine verwischt, um sie nicht zu einem leicht erkennbaren Ziel für die sowjetischen Jäger zu machen.*

*Der Einsatz von Sanitätsflugzeugen diente zumeist dem Transport von Schwerverwundeten, insbesondere solchen mit lebensbedrohlichen Kopfverletzungen. Das Sanitätspersonal wurde zum Teil vom Deutschen Roten Kreuz gestellt.*

dem 19.02.1944 aus der Luft versorgt werden.
Da Hitler wiederum einen Ausbruch der eingeschlossenen Verbänden kategorisch untersagt hatte, sollte die Luftwaffe alles für die Verteidiger Notwendige einfliegen. Pro Tag waren 70.000 kg Nachschub, insbesondere Munition, Kraftstoff, Waffen und Verpflegung, angesetzt, um die notwendigsten Bedürfnisse der Truppe zu decken.
Die Luftversorgung begann am 31.01.1944. Die Entfernung betrug diesmal nur 35 Kilometer, so dass die Strekke von den einzelnen Besatzungen mehrmals am Tag geflogen werden konnte. Die Flugzeuge waren trotz wechselnder Routengestaltung sowohl auf dem Hin- als auch dem Rückflug massiven Angriffen der Roten Armee ausgesetzt. Mit dem aufkommenden Frühling verwandelte sich das Landefeld in Korsun in zähen Morast und konnte nicht mehr angeflogen werden. Da es in Uman an Abwurfbehältern ebenso fehlte wie an ausreichend Verpakkungsmaterial, kam die Luftversorgung schnell ins Stokken. Gleichzeitig mit der Luftversorgung wurde diesmal von Anfang an eine Gegenoffensive zur Befreiung der im Kessel eingeschlossenen Verbände geplant. Als das III. Panzerkorps endlich die äußere sowjetische Einschließung erreicht und sich dem Kessel bis auf neun Kilometer genähert hatte, blieb der Angriff der Panzerverbände stecken.
Die Besatzungen der Ju 52 übernahmen die Versorgung der Panzereinheiten direkt vor Ort auf dem Schlachtfeld. Munition und Treibstoff wurden dicht neben den Vormarschstraßen abgeworfen. Angesichts der räumlichen Enge des Gefechtsfeldes konnten die Besatzungen der Ju 52/3m ihre Fracht nicht mehr wie üblich - mit Fallschirmen - abwerfen. Um der gegnerischen Abwehr zu entgehen, warfen sie ihre Lasten im Tiefstflug, oftmals nur aus einer Höhe von zwei oder drei Metern über dem Erdboden, ab. Die stabilen Kisten mit Munition blieben dabei meist unbeschädigt, Schlamm oder Schneefelder dämpften zudem ihren Aufprall. Treibstoff wurde in Spezialbehältern von 200 Litern Fassungsvermögen abgeworfen. Einige Ju 52/3m landeten zudem nachts neben der Rollbahn und brachten über 2.000 verwundete oder kranke Soldaten schnell nach Uman in Sicherheit.
In 1.500 Einsätzen schafften die Flugzeuge zusammen 2.026.000 kg Nachschub in den Kessel. Infolge des schlechten Wetters, wegen technischer Störungen und durch Feindeinwirkung gingen 32 Ju 52/3m verloren; außerdem wurden 113 Maschinen beschädigt.
Als die 17. Armee auf der Krim vom Hinterland abgeschnitten wurde, kam die nächste kritische Situation auf die Truppe zu. In dieser Lage gab Hitler überraschend die Weisung, die 17. Armee personell zu verstärken und sie gleichzeitig auf dem See- und Luftweg (durch die Luftflotte 4) zu versorgen. In den ersten Monaten des Krim-Einsatzes wurden die Versorgungsflüge meist bei Tag erledigt. Wegen der wachsenden Luftüberlegenheit der sowjetischen Kräfte am Schwarzen Meer konnten die Maschinen bald nur noch einzeln bei Nacht den Flug zur Krim wagen. Anfangs begünstigte das milde Wetter die Einsätze. Trotz erheblicher Einsatzverluste gelang es den Transportfliegern, eine eingeschlossene Armee von 300.000 Mann aus der Luft zu versorgen. Als der erwartete russische Angriff auf die Halbinsel losbrach, mußte die Krim dennoch aufgegeben werden. Den Ju 52/3m-Besatzungen sowie Kräften der Kriegsmarine gelang es aber, wenigstens einen Teil der deutschen Soldaten bis 11.05.1944 zu evakuieren.
Während der nächsten Monate kam es wieder zu schweren, für beide Seiten äußerst verlustreichen Kämpfen entlang der gesamten Ostfront. Anfang Dezember 1944 gelang es der Heeresgruppe Süd in Ungarn noch einmal, die sowjetische 2. und 3. Ukrainische Front zwischen Budapest und Plattensee zum Halten zu bringen. Doch die 2. Ukrainische Front drängte die 8. Armee zurück und schloß Budapest ein.
Adolf Hitler ordnete umgehend die Verteidigung der Stadt an. Am 27.12.1944 forderte die Heeresgruppe Süd Luftversorgungseinsätze an.
Täglich sollten mindestens 60.000 kg durch Landung und weitere 20.000 kg durch Abwurf von Versorgungsbomben in die zur „Festung" erklärten Großstadt geschafft werden. Als Absprungplätze der Transportverbände dienten diesmal Papa und Steinamanger in Ungarn. Der für die Flüge notwendige Treibstoff wurde eigens der von Hitler freigegebenen „Führerreserve" entnommen.
In der Nacht vom 28. auf den 29.01.1945 trafen die ersten Versorgungsbehälter als ausdrückliche „Spende des Reichsführers Himmlers" ein. Am folgenden Tag wurden sie über dem Kessel als „Liebesgabe zum Jahrestag der Machtergreifung" abgeworfen. Die eingekesselten Soldaten in Budapest kamen aus dem Staunen nicht heraus, als sie den Inhalt der Versorgungsbomben sahen: Bonbons, Zigaretten und Büchsen mit Pferdefleisch, dazu Bündel mit heroischer Literatur.
Zwar ließen sich russische Flieger im Raum Budapest nur selten blicken, doch setzen die westlichen Alliierten in diesem Gebiet ihre Luftstreitkräfte immer massierter ein. Aus diesem Grund wurden die Versorgungsflüge wenig später auf die Nacht verlegt. Entlang des Kessels hatte die Rote Armee auch diesmal besonders starke Flak- und Scheinwerferabteilungen in Stellung gebracht, um den Versorgungseinsatz nachhaltig zu stören.
Bereits ab Beginn der Kesselversorgung stand der einzige Landeplatz in Budapest unter direktem Artillerie- und Granatwerferfeuer der Roten Armee. Am 9.01.1945 fiel der Flugplatz in die Hände des Gegners. Von da an konnte die Versorgung nur noch durch den Abwurf von Versorgungsbomben erfolgen. Bis zum 9. Februar brachten die Besatzungen der Transportflugzeuge dennoch 1.515.000 kg Nachschubgüter nach Budapest.
Am 12.02.1945 riß die Verbindung zum Kessel ab. Nur ein geringer Teil der Verteidiger brach aus und schlug sich zum Wald von Nagykovacsi durch, wo er in den folgenden Nächten durch Ju 52/3m und He 111-Maschinen versorgt wurde. Nur wenige fanden später Anschluß an die deutsche Hauptkampflinie.

*Wegen versagender Bremsen geriet diese Ju 52/3m nach der Landung ins Schleudern und rutschte mit voller Wucht gegen einen abgestellten LKW, der für die Entladung der Maschinen auf dem Flugfeld stand.*

*Vor dem Verlegungsflug zum Einsatz blickt das Personal des Sturzkampfgeschwaders (StG) 2 noch einmal zurück. Zu beachten ist das vergleichsweise große Balkenkreuz auf der Rumpfseite der Maschine. Die Kennung T6+ weist auf das StG 2 hin.*

*Kurz vor der Verlegung an die Südfront entstand im April 1942 diese Aufnahme einer Ju 52/3m, mit der Bodenpersonal der III. Gruppe des KG 2 „Holzhammer" nach Griechenland transportiert wurde.*

*Bei der Zwischenlandung auf einem verschneiten Flugfeld im Osten trafen diese Ju 52/3m der Kampfgruppe z.b.V. 800 auf zwei Ju W 34, die als rückwärtige Verbindungsflugzeuge im Einsatz waren.*

*Eine Maschine der Flugzeugführerschule (FFS C) nach der Zwischenlandung in Brieg. Die Maschine wurde noch einmal überholt und trat dann einen ungewissen Weg zum östlichen Kriegsschauplatz an.*

*Zur Tarnung wurde viele in der Sowjetunion eingesetzte Ju 52/3m mit weißer Außenfarbe versehen, um beim Abstellen auf freier Fläche nicht vorzeitig von gegnerischen Tieffliegern entdeckt zu werden. Die gezeigte Maschine gehörte zu einer Sanitätsflugbereitschaft, wie das rote Kreuz auf den Flächenspitzen zeigt.*

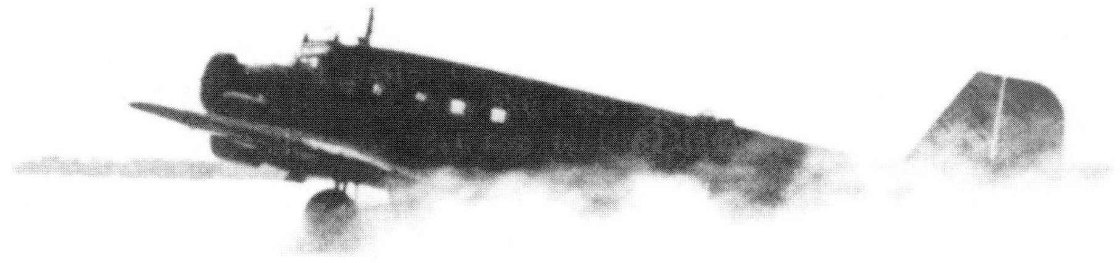

*Während der russischen Winter wurde der Flugbetrieb selbst mit einer so robusten Transportmaschine wie der Ju 52/3m zu einem gefährlichen Unternehmen, da zumeist nur Start- und Landeplätze aus festgewalztem Schnee zur Verfügung standen.*

**Von den 33.000 deutschen und 37.000 ungarischen Soldaten erreichten am 18.02.1945 nur 785 von Oberstleutnant Helmut Wolff geführte Männer die deutschen, bei Zambek verlaufenden Stellungen.**
**Die Verluste der bei der Versorgung von Budapest eingesetzten Ju 52/3m-Besatzungen waren besonders gravierend. Von den insgesamt 64 Maschinen zweier Transportgruppen gingen innerhalb von sechs Wochen etwa 30 vollständig verloren.**
**Anfang 1945 überstürzten sich die Ereignisse entlang der gesamten Ostfront. Die 1. Ukrainische und 1. Weißrussische Front nahmen die polnische Hauptstadt Warschau. Das zu nahe an der Front als Reserve zum Gegenstoß bereitgestellte XXIV. Panzerkorps befand sich schnell in einer schwierigen Lage und mußte sich gegen eine sowjetische Übermacht kämpfend bis in den Raum von Petrikau zurückziehen. Bei den Rückzugskämpfen unterstützten Ju 52 wiederholt mit Nachschub die angeschlagenen Panzerverbände.**
**Am 27.01.1945 schlossen Einheiten der 1. Weißrussischen Front die Stadt Posen ein. Wieder blieb kein anderer Ausweg, als die sofortige Luftversorgung anzuordnen. Gleich am ersten Tag landeten neun Ju 52 mit 17.000 kg Munition und nahmen anschließend 115 Verwundete und einiges Kriegsmaterial mit zurück. An den folgenden Tagen, bis zum 5.02.1945, gelang es einzelnen Ju 52-Besatzungen, weitere Verwundete sowie Frauen und Kinder auszufliegen. Bereits am 8.02.1945 eroberte der Gegner den einzigen zur Verfügung stehenden Landeplatz in Posen. In den folgenden Nächten kamen daher nur noch Versorgungsbehälter zum Einsatz, die vielfach beim Gegner niedergingen. Der von Anfang an aussichtslose Kampf in Posen war am 23.02.1945 zu Ende. Die Besatzung der „Festung“ kapitulierte.**
**Ein anderer Schwerpunkt des Kampfes war plötzlich Schneidemühl geworden. Fast 10.000 Mann, Wehrmacht und Volkssturm, verteidigten die von der Roten Armee vollständig eingeschlossene Stadt seit dem 1.02.1945. Der überlegene Gegner hatte wie schon früher schnell starke Flakkräfte herangezogen, um die Versorgungsflüge möglichst zu unterbinden. Auch hier kam es wenig später zur Versorgung der Verteidiger aus der Luft. Die Transportmaschinen konnten diesmal, bis zum Ende der Kämpfe, in unmittelbarer Nähe der Schneidemühler Vorstadt landen und von dort aus 1.164 Verwundete sowie zahlreiche Frauen und Kinder in Sicherheit bringen. Auf dem Luftweg gelangten 139.000 kg Versorgungsgüter in die belagerte „Festung“, die am 13.02.1945 fiel. Von rund 1.000 Soldaten, welche den Ausbruch versucht hatten, erreichten nur 184 die eigenen Linien.**

*Zur Kampfgruppe z.b.V. 172 gehörte die NR+FK, die zur 2. Staffel des Verbands gehörte und hinter der Ostfront dazu verwendet wurde, Granathülsen mitsamt der Verpakkung zur neuen Füllung nach hinten zu bringen.*

*Verladung eines Verwundeten in die zum Teil ausgeräumten Ju 52/3m hinter dem Südabschnitt der Ostfront im Winter 1942/43. Die Maschine wies jeweils ein MG 15 in seitlichen Fensterlafetten auf.*

*Diese Ju 52/3m brachte Nachschub zum Stab des Jagdgeschwaders JG 27, dessen Wappen auf der Stirnseite des Anhängers zu erkennen ist. Im Vordergrund der Kühler eines sowjetischen ZIS-LKW.*

**Am 9.02.1945 schloß die 61. sowjetische Armee den Ring um Arnswalde. Wieder lief die Luftversorgung in relativ kurzer Zeit an. An sechs Tagen brachten die Maschinen 57.000 kg Material zur eingeschlossenen „Festung". Hierdurch gelang es den dortigen Einheiten so lange weiter zu kämpfen, bis sie am 16.02.1945 überraschend entsetzt wurden.**
**Die Stadt Glogau in Schlesien wurde am 12.02.1945 durch kampfstarke Kräfte der 3. Sowjetischen Garde-Armee sowie der 13. Armee eingekesselt. Die auch hier völlig unzureichende Vorratslage erforderte es gleichfalls, eine sofortige Versorgung aus der Luft zu versuchen. Bis zum 24.03.1945 schaffte man 288.000 kg Nachschub, vor allem Pak- und Gewehrmunition und Sanitätsmaterial in die „Festung Glogau". Als am 1.04.1945 der Befehl zum Ausbruch erteilt wurde, gelang es lediglich 19 Soldaten, sich zu den deutschen Linien durchzuschlagen.**
**Die Versorgung der in der „Festung Breslau" eingekreisten Verbände dauerte vom 15.02.1945 bis zum 1.05.1945. Letztmalig befanden sich fünf Ju 52-Besatzungen am 8.04.1945 über der umkämpften Stadt.**
**Erfolgreich gestaltete sich - nachdem die Kampfgruppe Tettau den für den Durchbruch notwendigen Nachschub erhalten hatte - im März 1945 eine weitere Luftversorgungsaktion. Am Ende gelangten nicht weniger als 10.700 Soldaten bis zum 13.03.1945 wieder zu den deutschen Linien westlich der Odermündung zurück.**
**Letzte Einsätze der Ju 52-Besatzungen erfolgten im März und April 1945 zur Versorgung des Ruhrkessels, des umkämpften Zentrums von Berlin und Anfang Mai 1945 bei der Heeresgruppe Schörner in Böhmen.**

*Während der Versorgung des Kessels von Cholm entstand diese Aufnahme einer Ju 52/3m. Die Aufnahme zeigt die Dramatik der damaligen Versorgungseinsätze.*

*Eine Maschine der I. Gruppe des Transportgeschwaders (TG) 1 während des Triebwerkswechsels unter freiem Himmel. Da auf den vorgeschobenen Absprungbasen ständig mit Partisanen gerechnet werden mußte, war ein zusätzlicher Posten aufgestellt.*

*Zur Transportstaffel des IV. Fliegerkorps gehörte diese Ju 52/3m, die hier auf freiem Feld abgestellt wurde. Der obere Waffenstand sowie die Motoren waren mittels starken Abdeckplanen gegen Schnee und Eis geschützt.*

*Anfang 1943 fand sich diese Besatzung mit ihrer dreimotorigen Schulmaschine einer unbekannten Flugzeugführerschule C beim Versorgungseinsatz über Stalingrad wieder. Gut erkennbar ist der infolge der Auspuffgase seitlich des Rumpfs weggebrannte Schutzanstrich.*

*Die mit Schneekufen ausgerüsteten Ju 52/3m kamen nur vereinzelt zum Einsatz, obwohl zahlreiche Schneekufen bei Fokker in den Niederlanden hergestellt worden waren. Dies lag vor allem daran, dass die Flugleistungen hierdurch erheblich reduziert wurden.*

## DIE ENDPHASE DES KAMPFES M WESTEN

**Ende 1944 versuchte Adolf Hitler, mit der Ardennen-Offensive die Front der Alliierten zu durchbrechen und zum alliierten Versorgungshafen Antwerpen durchzustoßen. Am 16.12.1944 begann die letzte Offensive auf einer Breite von 100 Kilometern.**
**Zur Sicherung der rechten Flanke, der aus der Schnee-Eifel angreifenden 6. Panzerarmee erhielt eine aus fünf Kompanien bestehende Fallschirmjäger-Kampftruppe unter Führung des Oberstleutnants Friedrich August von der Heydte den Auftrag, südlich des Hohen Venns abzuspringen und die Straße von Eupen nach Malmedy zu sperren, um einen Gegenstoß der Amerikaner aus dem Aachener Raum zu verhindern.**
**Für diese Operation, die wegen der alliierten Luftüberlegenheit nur in der Nacht stattfinden konnte, standen knapp 70 Ju 52 bereit. Von den Flugplätzen in Paderborn, Lippspringe und Senne I und II sollte der Verband die verschneite Eifel anfliegen.**
**Jede Transportmaschine nahm 13 bis 14 Fallschirmjäger auf. Die Ju 52/3m hatten zusätzlich eine neuartige Abwurfvorrichtung für die Waffenbehälter und im hinteren Rumpfstand ein MG 131 anstelle des MG 15 erhalten. Da der allgemeine Zustand der Maschinen inzwischen kriegsbedingt schlecht war, erreichte der Verband nur eine Marschgeschwindigkeit von 180 km/h.**
**Erst am 17.12.1944, mit 24-stündiger Verspätung, waren die Ju 52 gestartet. Überladene Maschinen, dazu junge unerfahrene Besatzungen und Kampfbeobachter, welche die Orientierung verloren hatten, führten dazu, dass bereits zu Beginn des risikobehafteten Unternehmens sich einige der Ju 52-Besatzungen verirrten und direkt in Richtung Norden abdrehte. Von einer Gruppe trafen überraschend acht Maschinen im Raum Aachen und Düren ein und gerieten dort in schweres Flakfeuer. Nur ein Teil der jungen Fallschirmjäger konnte sich rechtzeitig durch Absprung aus den brennenden Maschinen retten.**
**Schließlich standen von 870 mit der Ju 52/3m gestarteten Fallschirmjäger der Kampfgruppe von der Heydte lediglich noch 450 Mann zur Verfügung. Drei Tage lang hielten die Fallschirmjäger ihre Stellungen im Schnee, ehe sie sich nach Osten durchschlagen mußten, um nicht in amerikanische Gefangenschaft zu geraten.**

*Bei diesen beiden Minenräum-Ju 52 sind die Magnetschleifen kaum zu erkennen. Die Maschinen waren über den Hafeneinfahrten der verschiedenen Kanalhäfen eingesetzt.*

*Bei diesen beiden Minenräum-Ju 52 sind die Magnetschleifen kaum zu erkennen. Die Maschinen waren über den Hafeneinfahrten der verschiedenen Kanalhäfen eingesetzt.*

## FAZIT

**Wie es schon der General der Transportflieger Fritz Morzik in seinen Erinnerungen dargelegt hat, waren die Anforderungen des Heeres an die Luftversorgung während des Krieges ins Unermeßliche gestiegen und blieben vielfach unerfüllbar. Die eigene Führung hatte bis zur Kriegswende kaum an den Aufbau einer ausreichenden Brennstoffversorgung, noch an die Schaffung von genügend Lufttransportraum gedacht, wie ihn das moderne Kriegsbild einfach erforderte. Noch dazu war die eigene Luftfahrtindustrie nicht einmal in der Lage der Luftwaffe eine genügende Anzahl von Jagd- und Kampfflugzeugen zur Seite zu stellen. Im Bereich der Transportflugzeuge blieben die Produktionszahlen gänzlich hinter dem notwendigen Maß zurück. Dennoch gelang den Besatzungen Erstaunliches, betrachtet man einmal die bei der Transportfliegergruppen vorhandene Ausstattung angesichts der taktischen Möglichkeiten eines übermächtigen Gegners.**

*Während der Versorgungseinsätze kam es nicht nur durch Feindeinwirkung zu zahlreichen Verlusten unter den eingesetzten Ju 52/3m, auch wegen der räumlichen Enge der Landestreifen fielen zahlreiche Transporter durch Kollisionen aus.*

*Diese Ju 52/3m g6e der 8./Transportgeschwader 4 trug noch das Wappen der Kampfgruppe z.b.V. 500. Im Vordergrund ist eine große Anzahl von Versorgungsbomben zu erkennen, die vornehmlich von der He 111 über abgeschnittenen Truppenteilen abgeworfen wurden.*

*Der Abtransport des durch die Ju 52 in die Kessel eingeflogenen Nachschubs erfolgte fast immer per Schlitten oder durch Panje-Gespanne, da es meist an ausreichendem Treibstoff für den Erhalt der Infrastruktur fehlte.*

*Versorgungs- und Kurierflüge über See wurden meist in geringer Höhe durchgeführt, um gegen Angriffe gegnerischer Jagdmaschinen besser geschützt zu sein.*

*Betanken einer Ju 52/3m (KC+RP) mit Schmierstoff mittels einer Handpumpe. Der Flugzeugführer überwacht den Vorgang vom linken Triebwerk aus. Die runde Luke auf dem Kabinendach steht offen.*

*Diese beiden Ju 52/3m gehörten zum Bestand der Kurierstaffel 6 (AOK 1). Der Verband, der außerdem über Fi 156 und Ju W 34 verfügte wurde im Spätsommer 1943 zur 21. Staffel des Fliegerverbindungsgeschwader 2.*

*Zur Kampfgruppe z. b. V. 9 (4V+)gehörte diese Ju 52/3m, die gerade von der Luftwaffe für den Transport rumänischer Offiziere bereitgestellt wurde.*

*Bei Kriegsbeginn wurden zahlreiche Kurierstaffeln aufgestellt. Hier wurde Arthur Seyß-Inquart bei der Landung auf einem niederländischen Flugplatz vor seiner Maschine begrüßt.*

*Der Generalbevollmächtigte für den Arbeitseinsatz und Gauleiter von Thüringen, Ernst Friedrich Sauckel entsteigt in Begleitung von Angehörigen des Reichssicherheitsdienstes (RSD) seiner Ju 52/3m.*

*Maschinen der Kampfgruppe z. b. V. 109, die später, ab Mai 1943, bei der III. Gruppe des Transportgeschwaders 2 eingesetzt wurden, während eines Versorgungseinsatzes.*

*Auf einem unbekannten Flugplatz in Polen entstand diese Aufnahme von der Ju 52/3m. Die mittlere Maschine gehörte früher zum Bestand der Deutschen Lufthansa und besaß keinen B-Stand auf der Rumpfoberseite.*

*Zum Transportgeschwader 5 gehörte diese Ju 52/3m, die als Sanitätsmaschine im Mittelmeerraum Verwendung fand. Hinter der Kabinenverglasung sind die Halterungen für die Feldtragen noch relativ gut zu erkennen.*

*Die Ju 52/3m (D-AMFP) gehörte bis zum Kriegsende zum Bestand der Luftwaffe und wurde erst 1945 zu Versorgungsflügen eingesetzt.*

**Waffen-Arsenal Sonderband S-65**
**VK: 10,10 Euro**

*Dank ihres belastbaren Fahrwerks konnten die Ju 52/3m-Maschinen nahezu auf jeder genügend großen Wiese landen und wieder starten.*

ISBN: 3 - 79 09 - 07 61 - 8

**PODZUN-PALLAS-VERLAG • 61 200 Wölfersheim-Berstadt**
**Internet-Shop: http://www.podzun-pallas.de**